Must Know Banana Story for Children

Bananas are the world's most popular fruit. Bananas are sweet and we enjoy them often. Also, they are a great source of vitamins and fiber. They're cheap, and they provide a real tasty snack, along with super health benefits.

Bananas are under serious threat. Because they are threatened by several diseases.

Panama disease is caused by a type of fungus, fusarium, that lives in the soil. The epidemic started in Central America on the susceptible 'Gros Michel banana', which at the time dominated the global export trade. In the 1950s, 'Gros Michel' was replaced by Cavendish cultivars. The current variety of banana most commonly sold in the US, Europe and world's called the Cavendish banana.

Scientists first discovered the new form of Panama disease caused by TR4 in Taiwan. They said a new form of Panama disease could wipe out most of the global banana supply. TR4 can infect most varieties, but is known predominantly for attacking Cavendish, the most widely cultivated variety in the world. There are no resistent varieties yet that can replace the export of Cavendish bananas.

Then, what should we do to save the banana from the brink of extinction? This book is a very fine report on how to do it. This book provides a good approach to the environment. Let's read and find out more about the crucial elements in bananas.

If you read the book, you'll want to tell your peers how important the banana is so they can help protect it too.

In the Text
* *Banana: Fruit that Changed the World*
* *Endangered Banana*
* *Panama disease*
* *How to protect Bananas*
* *Our efforts Needed to Save the Banana*

바나나가 정말 없어진다고?

풀과 바람 환경생각 11

바나나가 정말 없어진다고?
Must Know Banana Story for Children

1판 1쇄 | 2019년 8월 19일
1판 11쇄 | 2024년 11월 5일

글 | 김은의
그림 | 끌레몽

펴낸이 | 박현진
펴낸곳 | (주)풀과바람
주소 | 경기도 파주시 회동길 329(서패동, 파주출판도시)
전화 | 031) 955-9655~6
팩스 | 031) 955-9657
출판등록 | 2000년 4월 24일 제20-328호
블로그 | blog.naver.com/grassandwind
이메일 | grassandwind@hanmail.net

편집 | 이영란
디자인 | 박기준
마케팅 | 이승민

ⓒ 글 김은의 · 그림 끌레몽, 2019

이 책의 출판권은 (주)풀과바람에 있습니다.
저작권법에 의해 보호를 받는 저작물이므로 무단 전재와 복제를 금합니다.

값 12,000원
ISBN 978-89-8389-802-9 73480

※ 잘못 만들어진 책은 구입처에서 바꾸어 드립니다.

이 도서의 국립중앙도서관 출판예정도서목록(CIP)은 서지정보유통지원시스템 홈페이지(seoji.nl.go.kr)와
국가자료공동목록시스템(http://www.nl.go.kr/kolisnet)에서 이용하실 수 있습니다. (CIP제어번호: CIP2019024074)

제품명 바나나가 정말 없어진다고?	제조자명 (주)풀과바람	제조국명 대한민국	⚠ 주의
전화번호 031)955-9655~6	주소 경기도 파주시 회동길 329		어린이가 책 모서리에
제조년월 2024년 11월 5일	사용 연령 8세 이상		다치지 않게 주의하세요.
KC마크는 이 제품이 공통안전기준에 적합하였음을 의미합니다.			

바나나가 정말 없어진다고?

김은의 · 글 | 끌레몽 · 그림

풀과바람

머리글

바나나를 모르는 친구는 아마 없을 거예요. 시장이나 과일 가게 어디에서나 흔하게 볼 수 있는 과일이니까요. 맛있고 길쭉한 바나나는 사과와 함께 아이들이 즐겨 부르는 노랫말에 나올 정도로 친숙하고 널리 알려졌어요.

"원숭이 엉덩이는 빨개, 빨가면 사과 사과는 맛있어, 맛있으면 바나나 바나나는 길어……."

노랫말처럼 바나나는 맛있고 길어요. 노란 껍질 속에 통통하고 말캉한 속살이 들어 있지요. 껍질만 벗기면 바로 먹을 수 있어 먹기도 편리하고, 칼로리가 높고 탄수화물이 듬뿍 들어 있어 먹고 나면 배가 든든하지요. 가격도 싸고 달콤해서 전 세계적으로 인기가 있어요.

여러분도 알다시피 바나나는 열대 지방에서 자라요. 그런데 어떻게 해서 전 세계적인 과일이 되었을까요? 그것은 바나나가 단순한 과일을 넘어 돈을 많이 벌 수 있는 사업이 되었기 때문이에요. 바나나 회사는 더 많은 바나나를 더 싸게 얻기 위해 열대 우림을 밀어내고 대규모 농장을 세웠어요. 그리고 맛이 좋고 장거리 운송이 가능한 단 한 종의 바나나만을 재배했어요. 그 결과 어마어마한 양의 바나나가 생산되었고, 전 세계로 날개돋인 듯이 팔려 나갔어요. 그전에는 귀하고 비싸서 쉽게 맛볼 수 없었던 바나나가 흔하고 값싼 바나나로 변신하게 된 거예요.

하지만 그 과정에서 여러 가지 문제가 발생했어요. 바나나 농장을 만드느라 생물 다양성이 가장 풍부한 열대 우림이 사라졌어요. 바나나 노동자들은 고된 노동에 시달리고 농약 같은 독성 물질에 노출되어 건강을 잃었고요.

게다가 바나나의 종 다양성과 유전자 다양성을 무시하고 단 한 종만을 재배해서 바나나를 멸종 위기에 빠뜨렸어요. 파나마병이 농장을 휩쓸면서 바나나의 운명이 벼랑 끝에 놓인 거지요.

맛있어서 슬픈 운명을 맞이하게 된 열대 과일 바나나, 우리는 바나나를 지켜낼 수 있을까요? 그 해결책을 찾아 함께 모험을 떠나 봐요.

김은의

차례

1. 인류를 바꾼 바나나 … 08
바나나는 인류가 재배한 최초의 과일 중 하나 … 09
세계에서 가장 많이 기르는 과일 … 18

2. 바나나의 위기 '파나마병' … 26
바나나 암으로 불리는 파나마병 … 28
파나마병과 바나나 노동자 … 36

3. 바나나 위기의 원인 … 42
지구에서 단 하나뿐인 단일종 바나나 … 43
어마어마한 돈벌이가 된 바나나 … 51

4. 병에 걸린 바나나 구하기 … 60

파나마병을 막을 방법 … 61
바나나의 유전자 다양성 확보 … 64

5. 바나나를 구하는 데 필요한 우리의 노력 … 72

바나나가 필요한 사람들 … 74
바나나를 구하기 위한 노력 … 80

바나나 관련 상식 퀴즈 … 86
바나나 관련 단어 풀이 … 88

1. 인류를 바꾼 바나나

지구에 인류가 살기 시작하면서부터 몇백만 년의 세월이 흐르는 동안, 인류는 야생 동물을 사냥하거나 낚시를 하고, 야생 식물을 채집해서 먹고 살았어요. 그러다가 약 1만 년 전부터 야생 동물을 길들여 가축으로 기르고, 야생 식물을 농작물로 재배하기 시작했어요. 수렵, 채집과 함께 들이나 뜰에 야생 식물을 재배하는 '농사'가 시작된 거예요.

바나나는 인류가 재배한 최초의 과일 중 하나

신석기 시대에 서아시아, 유럽, 북아프리카 등 세계 곳곳에서 농사를 짓기 시작했어요. 최초의 작물은 밀, 보리, 벼, 콩 등의 곡식과 바나나, 파인애플 등과 같은 열대 과일들이었어요. 이러한 농사의 시작은 인류의 생활을 크게 변화시켰어요. 식량 생산이 늘어나면서 인구가 증가하고 문명이 발전했지요.

나무일까, 풀일까?

바나나는 외떡잎식물 생강목 파초과 바나나속에 속하는 식물이에요. 이 식물에서 나는 열매를 바나나라고 하지요. 흔히 바나나가 열리는 식물을 바나나 나무라고 하는데, 사실은 나무가 아니라 세계에서 가장 커다란 여러해살이풀이랍니다.

커다란 풀에 열리는 거대한 과일

바나나는 키가 2~4미터 정도예요. 이 커다란 풀에 꽃이 피고 열매가 열리지요. 바나나를 수확하기까지는 3~6개월 정도가 걸려요. 송이는 보통 7~10개 달리고, 각각의 송이에는 손가락 모양의 바나나가 15~20개 달려요. 한 송이의 무게는 무려 35킬로그램 정도랍니다. 커다란 풀에 거대한 과일이 어마어마하게 열리는 거지요.

세계 최초의 바나나 재배지

바나나는 기원전 7000년 전에 말레이반도 부근에서 처음 재배되었어요. 그때의 바나나는 돌멩이처럼 딱딱한 씨가 무수히 박혀 있었다고 해요. 그래서 열매보다 뿌리를 캐어 먹기 위해 바나나를 재배했어요.

그러던 어느 날 바나나에 돌연변이가 나타나면서 먹기 좋은 씨 없는 바나나가 생겨났어요. 인류는 발 빠르게 이 씨 없는 바나나를 선택하고 재배하기 시작했어요. 뿌리보다는 열매가 더 맛있다는 것을 알았던 거지요. 오랜 세월이 흐르며 바나나 품종이 개량되면서, 오늘날과 같은 씨 없는 바나나가 만들어졌어요.

바나나는 어떻게 세계 곳곳으로 퍼져 나갔을까?

열대 지방에서 자라던 바나나는 인류의 전파와 함께 세계 곳곳으로 퍼져 나갔어요. 서쪽으로는 서인도와 아프리카로, 동쪽으로는 태평양 제도를 거쳐 중남미로 전파되었지요. 중앙아메리카와 카리브해에서 주로 재배되다가 미국과 유럽으로 전해졌어요. 16세기에서 17세기 유럽의 신항로가 개척되면서 전 세계로 보급되기 시작했지요. 현재는 전 세계 열대, 아열대 지방에서 재배되는 국제적인 과일이 되었답니다.

아시아 바나나

바나나가 재배되기 전, 아시아에서는 중국 남부에서 동남아시아, 인도로 이어지는 호젓하고 울창한 숲에서 바나나가 자랐어요. 지금도 이 지역에는 다른 지역보다 토종 바나나가 많이 자라고 있어요. 히말라야산맥 1800미터 높이에서 자라는 바나나도 있고, 밀림 깊은 곳에서 자라는 바나나도 있지요.

아시아에는 이런 토종 바나나만이 아니라 재배 바나나도 다양해요. 먹는 방법도 다양해서 어떤 것은 날것 그대로 먹고, 어떤 것은 채소처럼 조리해 먹어요. 색깔도 노란색과 초록색뿐만 아니라 오렌지색, 갈색, 자홍색 바나나도 있어요. 하지만 이런 바나나들은 재배지가 적어서 맛볼 기회가 없답니다.

인도 사람들의 바나나 사랑

예로부터 다양한 종류의 바나나가 자랐던 인도에서는 바나나에 대한 사랑이 아주 특별해요. 힌두교도는 바나나를 '칼파타루'라고 부르는데, 산스크리트어로 '고결한 식물'이라는 뜻이에요. 인도의 신비주의자들은 바나나를 부와 미와 지혜의 여신이라 여기고 바나나 그늘에서 명상했어요. 오랜 역사에 걸쳐 신랑은 신부에게 다산을 상징하는 바나나를 선물했지요. 기원전 327년에 인도를 침략한 알렉산더 대왕 역시 바나나를 맛있게 먹었다고 해요.

또, 인도 사람들은 바나나를 일상생활에서도 널리 애용하고 있어요. 바나나 잎은 접시로 쓰고, 다양한 요리에 바나나를 넣어 먹어요. 카레와 스튜를 만들 때 넣고, 커틀릿을 만들 때는 고기 대신 넣고, 케첩을 만들 때는 토마토 대신 넣어요. 바나나 칩은 인도에서 가장 인기 있는 과자인데, 상표가 100개도 넘는다고 해요.

세계에서 가장 많이 기르는 과일

우리가 먹는 과일은 100가지가 넘어요. 사과, 배, 오렌지, 파인애플, 수박……. 그중에서도 세계적으로 가장 많이 생산되는 과일은 바나나예요. 한 해 동안 전 세계에서 생산되는 과일의 양은 5억 톤에 달하는데, 바나나는 약 1억 톤이 생산됩니다. 밀, 쌀, 옥수수에 이어 농작물 가운데 네 번째로 많은 생산량이지요.

국제 연합(유엔)은 바나나를 전 세계에서 가장 중요한 8개 농작물 중 하나로, 개발 도상국에서는 밀, 옥수수, 감자에 이어 네 번째로 중요한 작물로 지정했어요.

과일이지만 주식만큼 중요한 식량

보통 과일은 밥을 먹고 난 다음 후식이나 간식으로 먹어요. 하지만 바나나는 주식만큼 중요한 식량이랍니다. 동아프리카 사람들이나 전 세계 열대 지방 4억 명의 사람들은 바나나를 주식으로 먹고살아요.

아프리카의 우간다는 매년 980만 톤의 바나나를 생산하는데, 수출하지 않고 모두 지역 주민이 소비한다고 해요. 우간다의 국경 수용소에는 르완다와 부룬디의 난민들이 북적이고, 난민 수용소에는 고아만 해도 150만 명에 이르러요. 이들은 몹시 가난하고 모든 것이 부족한 상황이지만, 바나나가 있어 최소한 배를 곯지는 않는답니다. 아프리카의 생명과 평화를 지키는 중심에 바나나가 있는 거지요.

바나나의 특성

바나나는 판매를 위해 덜 익은 상태에서 수확하는데, 상온에서 일주일 정도 지나면 껍질 부분에 갈색 반점이 생기기 시작해요. 이 반점은 시간이 지나면서 점점 까맣게 변하고 짓물러지지요. 바나나가 짓무르기 시작하면 초파리가 꼬이고 썩어서 못 먹게 돼요. 이렇게 되는 것을 막기 위해 바나나를 수확하면 무작위로 살충제를 뿌리고, 한계 온도인 섭씨 13~14도 정도에서 전 세계로 운송되지요.

바나나의 영양 성분(1회 제공량 100g)

칼로리 : 79kcal

탄수화물 : 21.94g

단백질 : 1.1g

지방 : 0.1g

당류 : 14.63g

나트륨 : 0mg

콜레스테롤 : 0mg

포화 지방산 : 0.04g

바나나의 종류

바나나의 종류는 전 세계적으로 1000종이 넘지만, 현재까지 과일로 판매하기 위해 재배하는 품종은 단 2종뿐이에요. 그중 하나는 크고 껍질이 단단한 그로 미셸(Gros Michel)종이고, 또 다른 하나는 그로 미셸보다 작고 껍질이 무른 캐번디시(Cavendish)종이에요. 그로 미셸은 약 60년 전에 전염병으로 멸종했고, 지금은 캐번디시만 남아 있어요. 우리가 시장에서 흔히 볼 수 있는 바나나는 모두 캐번디시랍니다.

* 프랑스어 Gros의 뜻은 '큰' 또는 '뚱뚱한.'

주식으로 먹는 바나나

 동남아시아, 아프리카, 남아메리카 등지에서는 플랜틴(plantain)이라는 바나나를 재배해요. 이 바나나는 보통 우리가 아는 바나나보다 단단하고 단맛이 적고 녹말 성분이 많아요. 그래서 이 지역 사람들은 바나나를 삶거나 굽거나 튀겨서 주식으로 먹는답니다. 맛은 고구마와 비슷하다고 해요.

바나나의 이용

바나나의 넓고 푸른 잎은 널리 이용돼요. 필리핀에서는 바나나 잎에 밥을 싸 쪄서 먹기도 하고, 개발 도상국에서는 바나나의 잎을 우산이나 랩으로 사용하기도 해요. 또, 바나나 잎의 점액에서는 검은색 염료를 채취하고, 바나나 줄기에서 뽑은 섬유로는 굵은 밧줄이나 가방을 만들기도 한답니다.

2. 바나나의 위기 '파나마병'

파나마병은 바나나에 치명적인 전염병이에요. 1903년 파나마에서 처음 발견되어 '파나마병'이라고 이름이 붙여졌어요. 파나마병이 농장에 발을 디디면 순식간에 모든 바나나가 말라 죽어요. 전염병은 점점 인근 국가의 농장으로 펴져 나가면서 전 세계의 바나나를 위협하고 있어요. 바나나가 멸종 위기에 빠진 거예요.

바나나 암으로 불리는 파나마병

파나마병은 푸사륨(fusarium)이란 곰팡이가 물과 흙을 통해 침투해 바나나 뿌리를 공격하여 썩게 하는 병이에요. 바나나를 공격하는 푸사륨 곰팡이는 포자를 만드는데, 이 포자를 통해 번져 나가기도 하고 나무껍질 등에 균사가 붙어 퍼지기도 해요. 푸사륨은 식물의 관다발을 막아 수분 공급을 막기 때문에 물이 부족한 바나나는 잎이 노랗게 변하다가 말라 죽어요.

푸사륨

끝까지 살아남는 푸사륨 곰팡이

이 곰팡이는 바나나 나무를 베어 버려도 살아남아요. 곰팡이에 감염된 바나나라도 증상이 나타나지 않는 경우가 있으므로 농부들이 모르고 심었다가 일순간에 번지기도 하고, 바나나가 아닌 다른 잡초에 증상을 나타내지 않고 숨어 있다가 바나나로 옮겨지기도 해요.

그리고 땅속에서 30년까지도 죽지 않고 살아남았다가, 숙주인 바나나 뿌리가 근처로 뻗어오면 빠르게 공격을 시작해요. 곰팡이를 죽이는 살균제(fungicide)나 다른 화학 물질을 처리해도 효과가 없어요. 현재까지는 치료법이 없는 거지요.

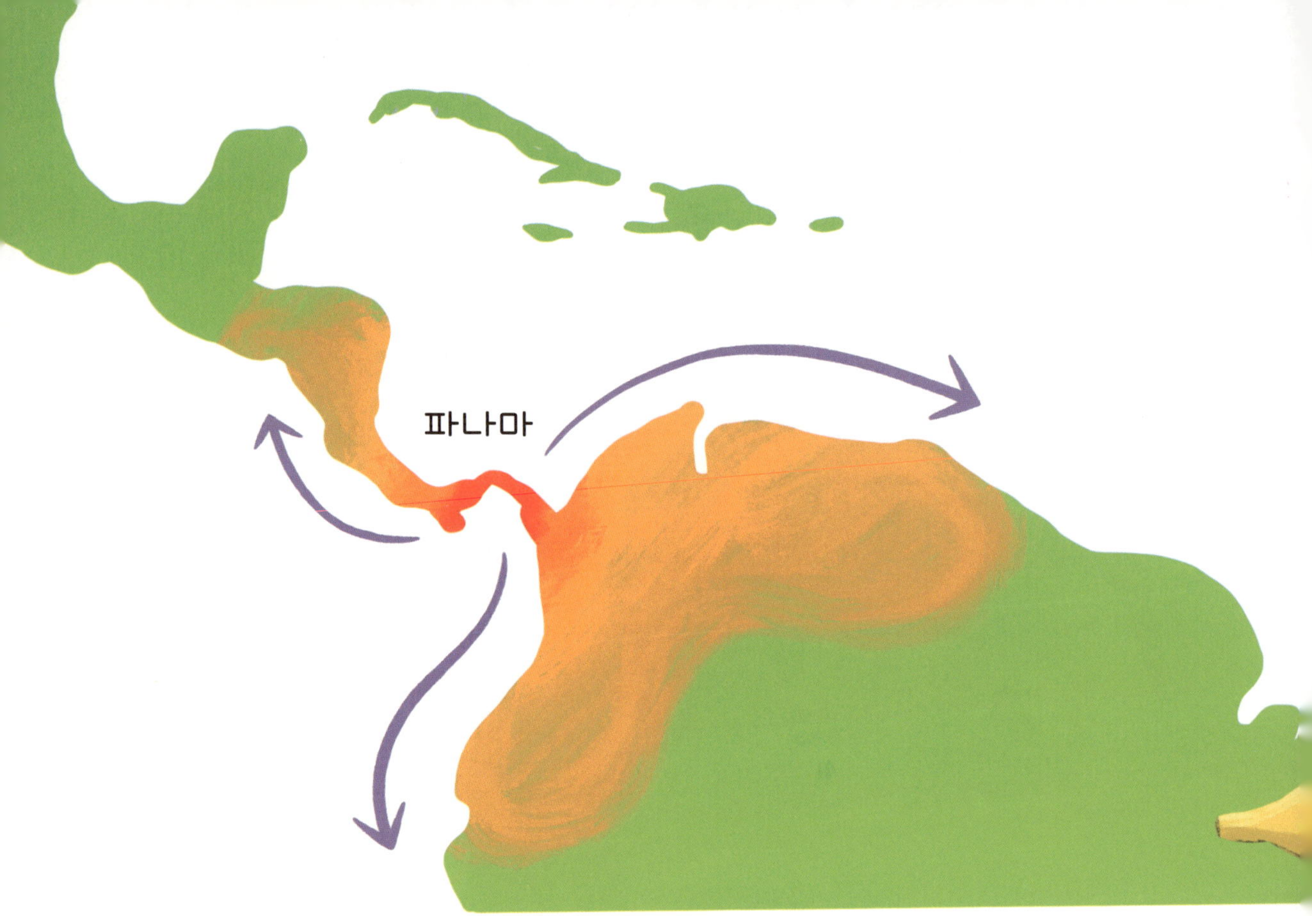

파나마

파나마병이 치명적인 이유

파나마병은 빠른 속도로 퍼져 나가요. 1903년 파나마에서 발생하여 수리남의 바나나 농장을 5년 만에 초토화하고, 북쪽으로는 코스타리카를 거쳐 과테말라까지, 남쪽으로는 콜롬비아와 에콰도르까지 퍼져 나갔어요. 그렇게 수십 년에 걸쳐 중남미 전역으로 확대되었고, 마침내 1960년에는 단일 품종으로 전 세계에 공급되었던 그로 미셸 바나나를 멸종시켰어요.

다시는 맛볼 수 없는 그로 미셸 바나나

그로 미셸 바나나는 상업용으로 재배되어 세계로 팔려나갔던 단일 품종 바나나였어요. 19세기 말부터 제2차 세계 대전 이후까지 약 100년 동안 미국을 비롯한 세계인들이 사고, 먹고, 아는 유일한 바나나였지요.

현재 우리가 아는 바나나보다 크고 껍질이 두꺼우며, 질감은 부드럽고 맛과 향은 더 진하고 풍부했다고 전해져요. 하지만 파나마병이 발견되고 50년이 지난 1960년에 멸종되었어요. 이제 그로 미셸 바나나는 그 맛과 향을 추측만 할 뿐 맛볼 수 없게 되었답니다.

현재 우리가 먹고 있는 바나나

파나마병으로 그로 미셸 바나나가 사라지자, 바나나 회사들은 파나마병에 면역력이 있는 캐번디시(Cavendish)라는 새로운 품종을 찾아냈어요. 캐번디시 바나나는 그로 미셸 바나나보다 작고 맛과 향도 떨어졌지만, 다른 선택을 할 수 없었죠.

시간이 흐르면서 사람들의 입맛은 캐번디시 바나나에 익숙해졌고, 그로 미셸 바나나는 잊혔어요. 현재 우리가 시장에서 사 먹는 바나나는 모두 '캐번디시' 바나나예요. 그런데 이 바나나 역시 그로 미셸 바나나처럼 단일 품종이에요.

단일 품종은 단 한 종으로 유전자가 모두 똑같아요. 유전자가 똑같으면 돌연변이가 나올 염려가 없으므로 같은 맛의 바나나를 대량으로 생산할 수 있어요.

단일 품종은 경제적으로는 아주 유리하지만, 전염병에는 취약해요. 바나나 하나가 병에 걸리면 전체가 병에 걸릴 수 있지요.

새로 번지는 신종 파나마병

캐번디시 바나나는 파나마병을 잘 견뎌냈어요. 그런데 1980년대 타이완(대만)에서 변종 파나마병이 나타난 거예요. 변종 파나마병은 타이완에서 재배되던 캐번디시 바나나의 70%를 죽여 없애고, 필리핀과 인도네시아, 말레이시아 등 동남아시아와 호주는 물론이고 파키스탄, 레바논, 요르단, 오만, 모잠비크 등 중동, 동아프리카로 빠르게 번져 나가고 있어요.

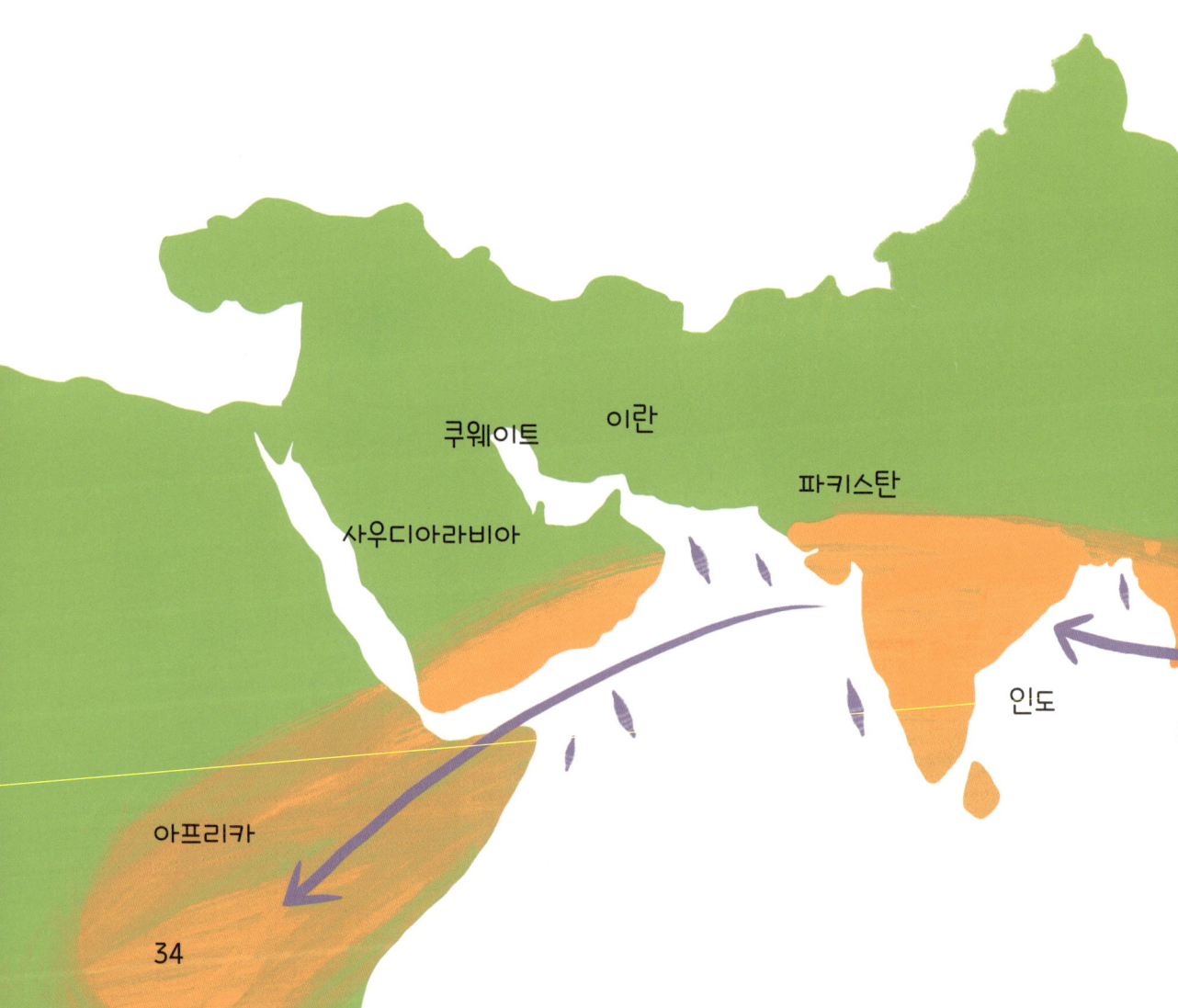

일부 전문가들은 "변종 파나마병에 대응할 수 있는 새 품종이 개발되지 않는다면 5~10년 뒤에는 전 세계인의 식탁에서 바나나가 사라질 수도 있다."고 경고하고 있어요. 전 세계 바나나의 절반 정도를 차지하고 있는 단 한 종뿐인 캐번디시 바나나마저 멸종 위기에 놓인 거예요.

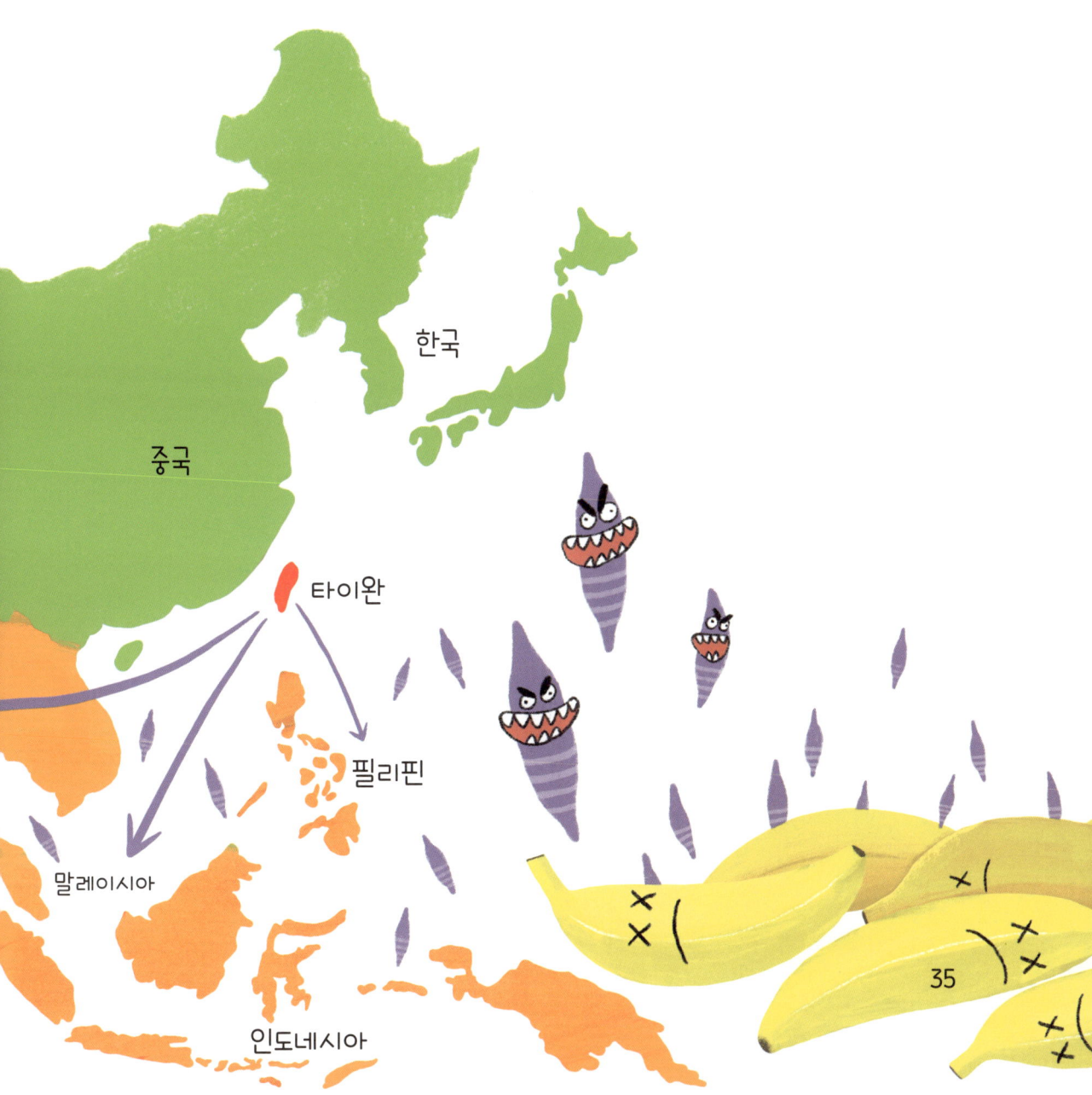

파나마병과 바나나 노동자

파나마병은 바나나만 죽여 없애는 게 아니었어요. 바나나 농장에서 일하는 노동자들의 삶도 망가뜨렸지요. 파나마병이 퍼지자, 바나나 회사는 전염병이 퍼진 농장을 그대로 내버려 둔 채 새로운 농장을 찾아 나섰어요. 바나나 노동자들은 삶의 터전을 잃고 일자리에서 쫓겨났어요. 지금도 바나나 노동자들의 고통은 계속되고 있답니다.

극한 상황으로 내몰린 바나나 노동자

바나나 노동자들은 대부분 작은 땅을 가지고 농사를 지어 먹고 살던 사람들이었어요. 어느 날 날벼락처럼 바나나 회사가 들어와 농사짓던 땅을 마구잡이로 사들인 다음, 끝이 보이지 않을 정도로 어마어마한 규모의 바나나 농장을 만들었어요.

농사짓던 사람들은 울며 겨자 먹기로 담뱃값 정도의 보상금을 받고 쫓겨나 바나나 노동자가 되었어요. 이들은 낮은 임금과 혹독한 노동, 그리고 하늘에서 뿌려대는 무자비한 농약에 그대로 노출되어 건강을 잃고 병들어갔어요. 하지만 먹고 살기 위해서는 바나나 농장에서 일할 수밖에 없었죠. 파나마병은 그 일자리마저도 빼앗아갔어요. 바나나 노동자들은 갈 곳을 잃고 말았지요.

파나마병과 환경 파괴

바나나 농장은 열대 우림을 아낌없이 밀어 버리고 오직 한 종의 바나나만을 심었어요. 열대 우림의 자연환경과 생태계를 심각하게 훼손한 거지요. 그 결과는 참혹했어요. 파나마병이 바나나 농장을 휩쓸면서 드넓은 땅이 생명이 살지 못하는 죽음의 땅으로 변해 버렸으니까요.

죽음의 땅이 된 라틴아메리카의 농장

 하늘에서 내려다본 라틴아메리카의 농장들은 까만 크레파스를 칠해 놓은 것처럼 시커멓게 변했어요. 연녹색이었던 땅이 검은색으로 변해 버린 거예요. 파나마병이 한번 퍼지면 예외 없이 모조리 죽어 없어진다는 것을 라틴아메리카의 농장들이 여실히 보여 준 셈이에요.

생물 다양성이 왜 중요할까?

바나나 농장이 만들어지기 전, 열대 우림은 다양한 생물들이 함께 어울려 살아갔어요. 이렇게 생물 다양성이 높은 곳에서는 결코 멸종 위기가 닥치지 않아요. 한 종이 죽어도 다른 종이 살아서 그 자리를 메워 주니까요. 하지만 종이 단 하나뿐이면, 그 한 종이 죽는 것과 동시에 그 종 전체가 멸종에 이르고 말지요.

생물 다양성이 없으면 아무리 강하고 유전 조건이 우수한 식물이라 해도 새로운 질병에 대응할 수 없어 살아남기 어려워요. 그래서 다양한 생물을 보존하는 것이야말로 지구의 생명을 살리는 일이고, 우리가 살아가는 자연환경과 생태계를 지키는 길이랍니다.

3. 바나나 위기의 원인

오늘날 바나나가 멸종 위기에 놓인 것은 자연 생태계가 무너졌기 때문이에요. 온갖 생명체들이 어울려 살았던 열대 우림에 오직 한 종의 바나나만을 심었으니까요. 농장에 심어진 바나나는 내성이 없어 병원균에 쉽게 감염되고, 유전적 다양성이 없어 한 번 감염되면 걷잡을 수 없이 퍼져요. 바나나의 위기는 생물의 종 다양성과 유전적 다양성이 얼마나 중요한지 말해 주고 있어요.

지구에서 단 하나뿐인 단일종 바나나

시장에서 판매되는 모든 바나나는 노랗고 길쭉하고 활처럼 구부러졌어요. 왜 바나나는 모두 모양도 색깔도 맛도 비슷할까요? 그것은 지구에서 단 한 종만 재배되어 바나나의 유전자가 모두 똑같기 때문이에요. 마치 공장에서 복제품을 만들어내는 것처럼 똑같은 바나나가 농장에서 대량으로 생산되는 거지요. 바나나 회사들이 대량 생산을 위해 품종을 다양화하지 않고, 단일종으로 만들었기 때문이에요.

바나나에도 원래는 씨가 있었다!

우리가 먹는 바나나에는 씨가 없어요. 씨는커녕 부드럽고 말캉말캉해서 이유식을 하는 아이부터 이가 좋지 않은 노인까지 부담 없이 먹을 수 있어요. 그러나 원래 자연에서 자라던 야생 바나나에는 크고 딱딱한 씨가 가득 박혀 있었답니다. 사람들이 먹기에 적당하지 않았던 거지요.

그런데 돌연변이가 나타나 씨 없는 바나나가 생겨난 거예요. 사람들은 이 바나나를 본격적으로 재배하기 시작했고, 바나나 씨는 완전히 사라졌어요. 씨 없는 바나나 덕분에 사람들은 바나나를 맛있게 먹을 수 있었지만, 바나나는 생존의 위협을 받게 되었어요.

씨가 없으니 스스로 번식할 수 없고, 유전적으로 다양한 형질이 존재하지 않으니 환경 변화에 적응이 어렵고, 면역성이 없는 거지요. 이런 상태에서는 병충해가 생기면 모조리 없어질 가능성이 크답니다.

씨 없는 바나나는 어떻게 번식할까?

사람의 도움을 받아 번식해요. 땅속줄기를 잘라 옮겨 심는 거예요. 심은 뒤 1년이 지나면 꽃이 피고 열매가 열려요. 이때 자연 상태라면 자연스럽게 옛 줄기가 죽고 새 줄기가 돋아나 자라서 꽃이 피고 열매를 맺지요. 새 줄기는 원래의 줄기에서 1~2미터 떨어진 곳에 생기기도 하고, 거의 같은 자리에 생기기도 해요.

다 자란 그루터기에서는 작은 풀들이 자라나는데, 유전자로 보나 생김새로 보나 똑같은 판박이예요. 이렇게 바나나는 죽을 때까지 10여 그루의 자식을 낳고, 그 자식들 역시 똑같은 과정을 되풀이하면서 번식해 나가지요.

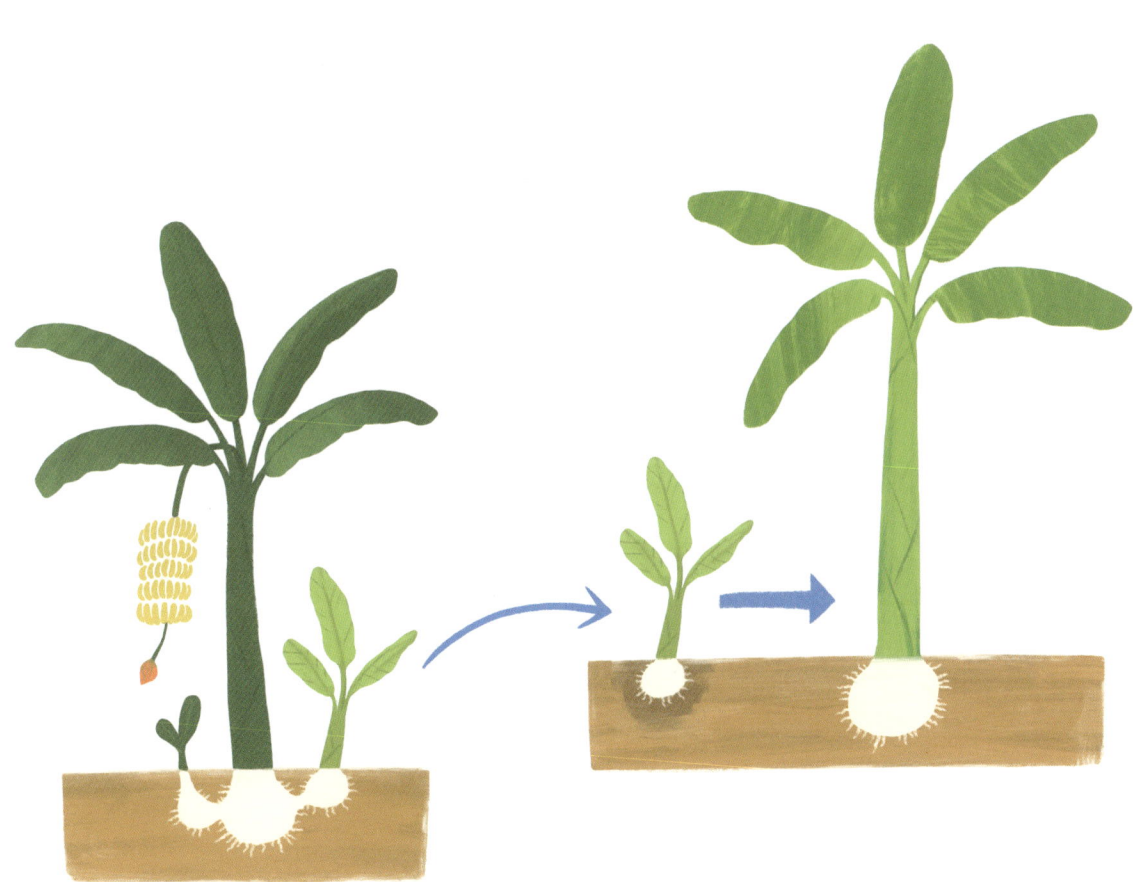

농장에서 자라는 바나나

농장에서는 바나나를 수확하고 나면 밑동을 베어 버려요. 한 번 커다란 바나나가 열린 줄기에서는 또다시 바나나가 열리지 않기 때문이지요. 밑동을 베어내고 6개월이 지나면 땅속줄기에서 새로운 어린줄기가 나와서 자라나요. 이 어린줄기 가운데 약한 것은 잘라내고 튼튼한 것만 골라서 열매를 맺게 하지요. 바나나 한 그루는 죽기 전까지 서너 번의 열매를 맺는답니다.

품종 개량

바나나는 인류가 최초로 품종을 개량한 식물이에요. 야생 바나나는 딱딱한 씨가 자글자글해서 먹을 수 없었어요. 그런데 씨 없는 바나나가 나타나자, 그 바나나만을 골라 심고 계속 뿌리나 줄기로 번식시킨 거예요. 그렇게 오랜 세월에 걸쳐 크고 맛도 좋고 잘 자라며 열매도 많이 열리는 바나나 품종을 개발해낸 거지요. 귤 또한 원래는 씨가 많았다고 해요. 그런데 몇백 년에 걸쳐서 씨가 거의 생기지 않는 귤을 만들었고, 오늘날에는 그것만을 재배하고 있어요.

바나나 군락

수출하려고 재배하는 바나나들은 똑같은 품종으로 거대한 군락을 이루고 있어요. 게다가 사방 2.5~4미터에 1그루씩 심는 게 정상인데, 그보다 훨씬 더 촘촘하게 심어요. 파나마병과 같은 전염병이 더욱더 빠르게 퍼질 수 있는 모든 조건을 갖추고 있는 셈이지요.

농장과 전염병

농장이 넓으면 전염병을 일으키는 해충이나 병원체도 많아요. 넓은 지역은 좁은 지역보다 먹이가 많고, 멀리서 오는 해충의 정착지가 될 확률이 높지요. 해충은 농장에서 적응한 뒤 발생하기도 하고, 원래 바나나가 자라던 곳에서 전파되어 오기도 해요. 일정한 농장에서 바나나를 오래 재배할수록 해충이 들어올 가능성이 커진답니다.

어마어마한 돈벌이가 된 바나나

바나나가 사과보다 더 유명한 과일이 된 것은 그만큼 많이 생산했기 때문이에요. 돈을 벌기 위해 여러 회사가 바나나 사업에 뛰어들었고, 그들은 더 싸게 더 많은 바나나를 얻기 위해 중앙아메리카 여러 나라에 대규모 농장을 개발했어요. 과테말라 국토의 80%, 온두라스 국토의 50% 이상이 바나나 농장으로 변했어요. 그 과정에서 생물 다양성이 가장 풍부한 열대 우림이 심하게 훼손되었어요. 희귀한 식물과 동물들이 사라지고, 자연 생태계가 균형을 잃고 말았죠.

더 많이 더 싸게

바나나 회사들은 '바나나를 적게 생산하여 비싸게 파는 것보다 많이 생산하여 싸게 파는 것이 더 이익'이라는 것을 알았어요. 그래서 더 많은 바나나를 더 싸게 생산하기 위해 농장의 노동자들을 억압하고 착취했어요. 값싼 노동력이 없으면 값싼 바나나를 생산할 수 없으니까요.

저임금과 중노동에 시달리는 바나나 노동자

바나나 노동자들은 낮은 임금과 육체적으로 힘이 많이 드는 노동에 시달렸어요. 그러나 대우는 형편없었죠. 바나나에 뿌리는 살충제, 살균제와 같은 독성 물질에 일 년 내내 노출됐어요.

하지만 의료 서비스는 물론이고 필요한 보호 장비조차 제대로 제공되지 않았어요. 심지어는 너무나도 당연한 화장실조차 없는 곳이 있었어요. 바나나 노동자들의 엄청난 희생의 대가로 싸고 달콤한 바나나가 쏟아져 나왔던 거예요.

운반에서 진열까지

바나나 나무에 달린 바나나는 녹색이에요. 하지만 떼어내는 순간부터 익기 시작해서 일주일이면 갈색 반점을 띤 노란 바나나로 변해요. 그래서 운반에서 진열까지 전 과정을 7일 만에 끝내야 하지요.

농장은 숨 가쁘게 돌아갑니다. 바나나 다발을 찍어 땅에 떨어뜨린 다음, 재빨리 중앙의 가공 지역으로 날라요. 운반할 때는 등에 짊어지기도 하고, 전동 도르래를 쓰기도 해요.

최초로 냉장 설비를 갖춘 바나나 화물선

수확한 바나나는 열대 우림에서 시장까지 수백 킬로미터를 상하지 않게 조심히 싣고 가야 해요. 그래야 먹음직스러운 바나나를 시장에 공급할 수 있으니까요.

바나나 회사들은 연구 끝에 바나나의 숙성을 조절하고 늦추는 방법을 찾아냈어요. 그런 다음 빠르고 편리한 운송을 위해 열대 우림을 밀어 버리고, 철도를 놓고 도시를 건설했어요. 또 항구에 들어오는 화물선과 농장의 교신을 위해 라디오 통신망을 비롯한 기술 전반을 개발했지요. 바나나 화물선은 최초로 냉장 설비를 갖춘 선박이었답니다.

세계 최대의 바나나 생산국

인도는 세계 최대 바나나 생산국으로 전 세계 생산량의 25% 정도를 차지해요. 다음으로 중국(11.8%), 인도네시아(6.2%), 브라질(6.0%), 에콰도르(5.8%), 필리핀(5.1%) 등의 순이에요.

순위	국가명	수량(100만 톤)	비중(%)
1	인도	29.1	25.7
2	중국	13.3	11.8
3	인도네시아	7.0	6.2
4	브라질	6.7	6.0
5	에콰도르	6.5	5.8
6	필리핀	5.8	5.1
7	앙골라	3.8	3.4
8	과테말라	3.7	3.3
9	탄자니아	3.5	3.1
10	르완다	3.0	2.7
	기타	30.8	26.9
	전 세계	113.2	100

출처 : 한국 농촌 경제 연구원, <주요 열대 과일의 세계 생산 및 교역 현황>, 2016

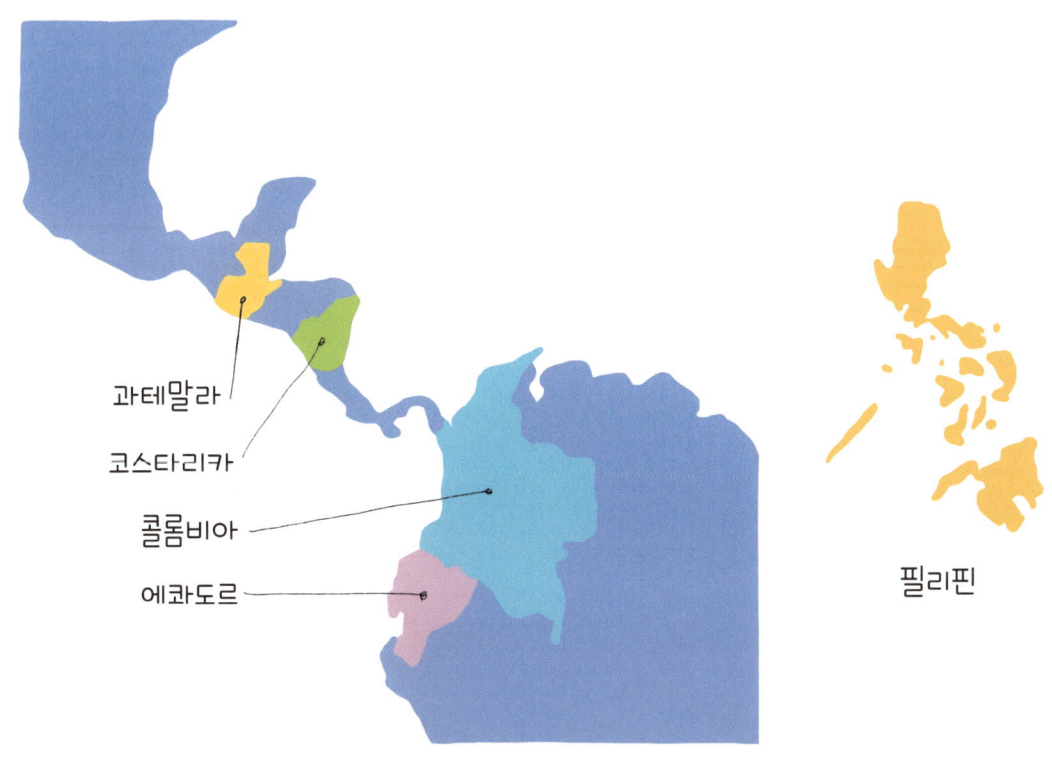

주요 바나나 수출국

바나나의 주요 수출국은 에콰도르예요. 전 세계 수출량의 28.6% 정도를 차지하지요. 다음으로 과테말라(11.5%), 코스타리카(11.0%), 콜롬비아(9.1%), 필리핀(6.5%) 순이랍니다. 상위 5개국 바나나 수출량은 전 세계 수출량의 66.7%를 차지하고, 상위 10개국의 수출량이 세계에서 차지하는 비중은 82.7%에 이르러요.

바나나 공화국

바나나 회사는 여러 바나나 원산지에 농장을 세우고, 자금력을 이용하여 해당 국가의 정치와 경제를 장악했어요. 콜롬비아, 에콰도르, 과테말라, 온두라스 등은 바나나 생산이 국가 경제의 대부분을 차지하기 때문에 바나나 회사의 자금력에 휘둘릴 수밖에 없었어요.

부패한 정부는 바나나 회사와 손잡고 국토를 헐값에 팔아넘기고 노동력을 착취하고 국민을 탄압했어요. 이렇게 자기 나라 국민은 뒷전이고, 바나나 회사의 이익에 따르는 꼭두각시 정부를 일명 '바나나 공화국'이라고 불러요.

4. 병에 걸린 바나나 구하기

바나나가 멸종 위기에 놓였다고 해서 모든 바나나 종이 곧바로 사라지는 것은 아니에요. 세계 시장에서 널리 소비되는 캐번디시 바나나 말고도 야생에는 다양한 종의 바나나가 있기 때문이지요. 그러나 병충해에 강하면서도 맛도 좋고, 생산성도 높고, 적당한 시기에 숙성되어 상품성도 높은 종을 개발하기는 무척 까다롭고 어려운 일이랍니다.

파나마병을 막을 방법

현재로서는 파나마병이 퍼져 나가는 것을 막을 방법이 없어요. 그렇다고 하더라도 바나나 재배 과정은 근본적으로 바꾸어 나갈 필요가 있지요. 단일종 재배에서 벗어나 종의 다양성과 유전자 다양성을 확보하는 등 대책을 마련해 나가는 거예요.

버려진 농장 살리기

이미 파나마병이 퍼진 농장들은 어떻게 해야 할까요? 바나나 회사들은 그 농장을 버리고 새로운 농장을 짓고 있어요. 이렇게 농장이 버려지고 사람들이 그 지역을 떠나 버리면, 먹을 것이 부족해진 해충이나 병균이 또 다른 농장을 찾아갈 수 있어요. 병이 더욱 확산되는 거지요. 그보다는 바나나를 비롯하여 다양한 생물들이 살아갈 수 있는 농장을 만드는 것이 병충해를 예방하고 자연 생태계를 살리는 길이랍니다.

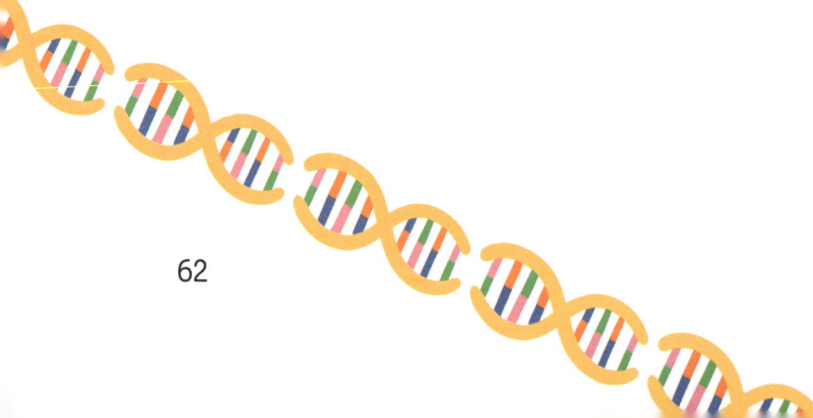

병충해에 강한 바나나 찾기

많은 야생종에는 질병에 대한 저항력이 있어요. 극한의 온도를 견뎌낼 수 있는 튼튼한 야생종도 있고, 남미에서 골칫거리인 허리케인에도 쉽게 떨어지지 않는 키 작은 야생종도 있지요. 야생 바나나의 이런 장점들을 살려낸다면 멸종 위기에 빠진 바나나를 구해낼 방법이 나올 거예요.

새로운 품종 개발과 내성 높이기

파나마병에 내성을 가진 야생종이 우리가 맛있게 먹을 수 있는 바나나로 변신하려면 새로운 품종으로 개발해야 해요. 바나나 연구자들은 파나마병을 이겨낼 야생종을 찾아 새로운 품종으로 개발하려고 많은 노력을 기울이고 있어요.

또한 바나나 자체의 내성을 높이기 위한 연구도 진행하고 있지요. 변종 푸사륨 곰팡이에 대항할 수 있는 여러 곰팡이와 박테리아를 개발해 바나나에 투입함으로써 내성을 높이려는 거예요.

바나나의 유전자 다양성 확보

'유전자 다양성'은 같은 생물종 안에서 유전적으로 얼마나 다양한가를 의미해요. 같은 바나나라 해도 유전자에 따라 길기도 하고 짧기도 한 거지요. 색깔도 노란색도 있고 주황이나 빨강, 보라, 초록색처럼 다양하고요. 모양도 활처럼 구부러진 것, 쭉 뻗은 것, 끝이 뾰족한 것, 뭉툭한 것도 있어요. 껍질도 두꺼운 것도 있고 얇은 것도 있지요. 맛도 다양해서 단맛이 강한 것도 있고 신맛이 강한 것도 있어요. 이렇게 유전자 다양성이 높으면 전염병이 퍼져도 멸종될 일은 없어요. 그중에는 반드시 전염병을 이겨낼 바나나가 있을 테니까요.

야생종 바나나 종자 찾기

농장에서 재배하는 바나나, 즉 우리가 먹는 바나나에는 씨가 없어요. 씨가 없으므로 번식하려면 기존 바나나를 복제해야만 해요.

하지만 자연에서 스스로 살아가는 야생 바나나에는 씨가 있어요. 완두콩만 한 검은 씨앗이 스무 개 정도 들어 있는데, 이 씨가 신품종 바나나의 재료가 될 수 있지요.

바나나 씨를 파나마병이 돈 농장에 심어 열매가 열릴 때까지 기다리는 거예요. 바나나 씨가 싹을 틔우고, 건강하게 쑥쑥 자라 열매를 맺는다면 파나마병에 내성이 있는 거지요. 야생종 바나나를 종자 삼아 바나나의 미래를 열어가는 거예요.

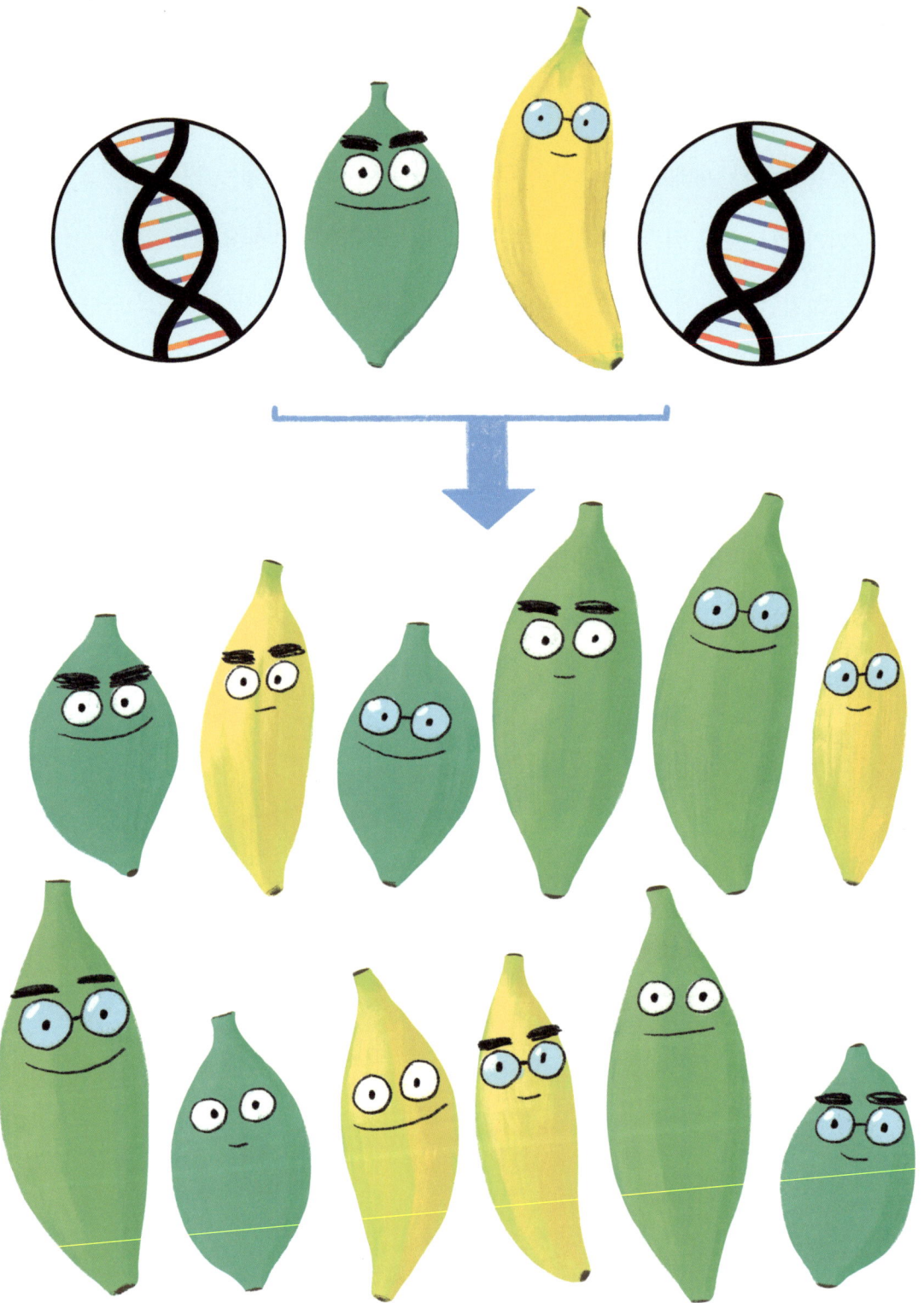

야생종 친척 찾기

플랜틴은 야생종의 친척이라고 할 수 있는 녹색 바나나(green banana)예요. 동남아시아, 아프리카, 남아메리카 등지에서 재배되는데, 우리가 아는 보통 바나나보다 크고 길며 끝이 뾰족하게 생겼어요. 단단하고 녹말 성분이 많아서 현지에서는 삶거나 굽거나 튀겨서 주식으로 먹지요.

이런 바나나는 다른 지역의 바나나와 뚜렷이 구분되는 유전적 특색을 가지고 있어요. 그래서 바나나의 유전자 다양성을 높이는 데 도움이 될 수 있답니다.

야생종과 교배하기

다양한 유전자를 가지고 있는 야생종은 새로운 품종을 만들어낼 수 있는 밑거름이 되어요. 과학자들은 씨가 있는 야생종 바나나와 씨가 없는 보통 바나나를 교배하는 실험을 계속하고 있어요. 야생종만이 가지고 있는 특징에 기대를 걸어보는 거지요.

하지만 이 실험은 보통 어려운 게 아니랍니다. 씨 없는 바나나에서 씨를 찾아내는 일이니까요. 바나나 25만 개를 뒤져 겨우 20여 개의 씨앗을 얻어냈다고 해요.

오늘날 바나나는 세계 어디에서 연구할까?

2001년 벨기에의 루뱅 가톨릭 대학교가 세계 최초로 바나나 유전자 연구소를 열었어요. 루뱅 대학 열대작물 개발 연구소에는 야생종과 재배종에서 수집한 바나나 유전자가 세계에서 가장 많이 보관되어 있어요. 로니 스웬넨 소장은 다양한 바나나 품종 1200개의 표본을 수집하는 데 큰 역할을 했어요.

아프리카 최초 국립 바나나 연구소

2006년에는 아프리카 대륙 최초로 우간다에 국립 바나나 연구소가 문을 열었어요. 이곳에서는 새로운 바나나 품종만이 아니라 유전 공학도 연구하고 있어요. 바나나 연구를 지원하는 국제 생물 다양성 연구소가 연구 발전을 위해 이동 전시회를 기획했는데, 전시 프로그램의 이름은 '바나나에 종말은 없다'였어요.

야생 종자 수집의 아버지 바빌로프

러시아의 니콜라이 이바노비치 바빌로프는 병충해에 저항력이 있다고 여겨지는 야생 식물의 종자를 수집하는 데 일생을 바쳤어요. 그리고 세계 최초로 국제 종자 은행을 설립했어요. 바빌로프가 수집한 종자들은 새로운 품종을 개발하는 데 큰 도움을 주었고, 농작물을 훨씬 더 많이 수확할 수 있었어요. 그 뒤 작물과 가축의 다양성을 지키는 종자 저장고가 세계 각국에 생겨났답니다.

인류의 희망, 세상에서 가장 큰 '국제 종자 저장고'

2008년에 북극점에서 1300킬로미터 떨어진 노르웨이의 스피츠베르겐섬(스발바르 제도에서 제일 큰 섬)에 세계 최대 규모의 국제 종자 저장고가 세워졌어요. 이 저장고는 1년 내내 온도가 영하 18℃로 유지되며, 최대 25억 개의 씨앗을 저장할 수 있지요.

지구에 큰 재앙이 닥칠 때를 대비하여 만든 이곳을, 사람들은 '새로운 노아의 방주', '최후의 날 저장고'라고도 부른답니다. 2018년, 저장고에 보관된 세계 각국의 씨앗이 100만 점을 돌파했어요. 벼, 참깨, 기장 등 우리나라 종자 1만 3천여 점도 보관되어 있지요.

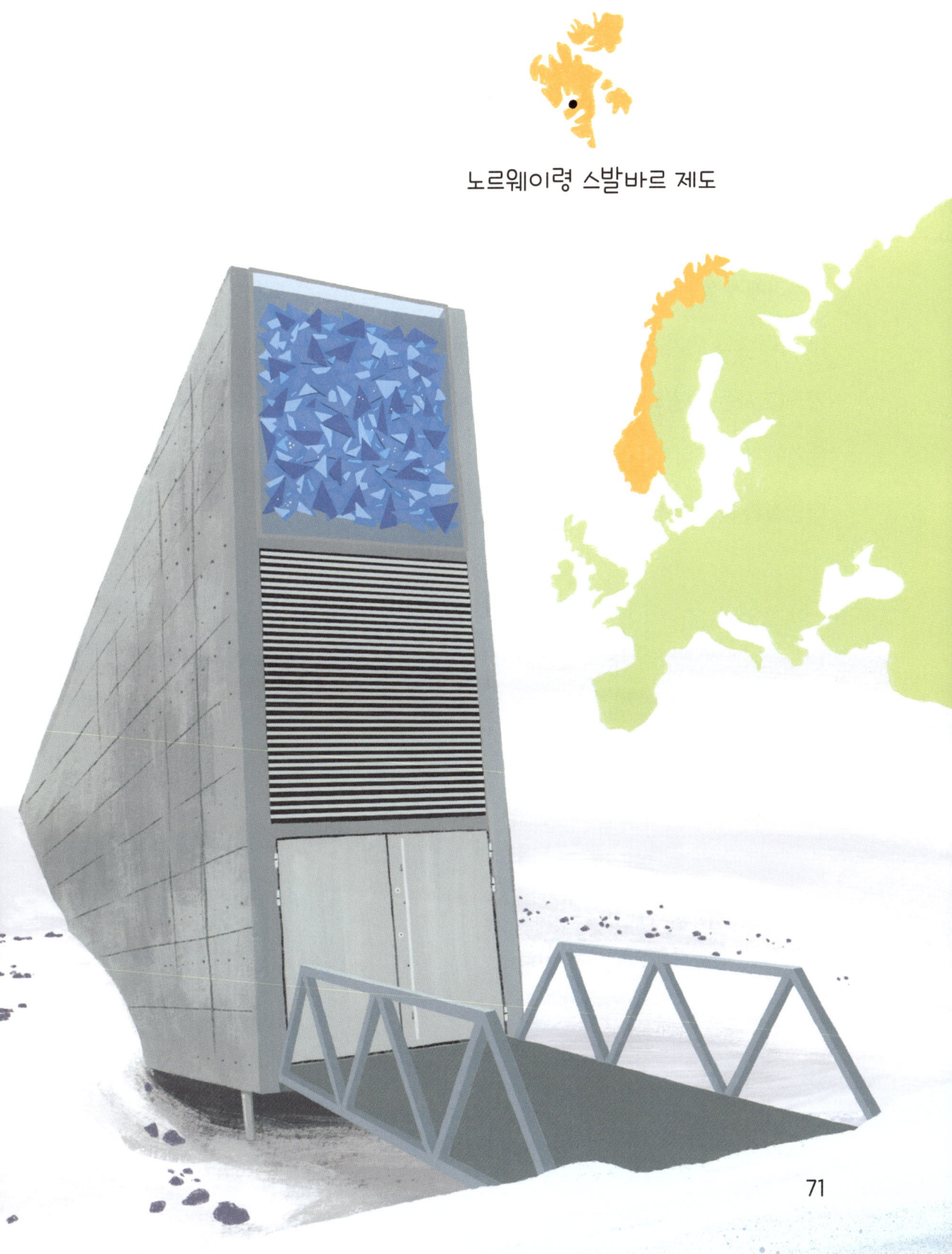

노르웨이령 스발바르 제도

5. 바나나를 구하는 데 필요한 우리의 노력

우리에게 열대 과일인 바나나의 멸종은 멀게 느껴질 수 있습니다. 그러나 바나나의 위기는 단지 바나나만의 문제가 아니랍니다. 바나나는 우리가 먹고사는 식량의 문제이고, 지구에서 살아가는 생명 전체와 연결되는 문제이기도 하니까요. 바나나를 구하려는 우리의 노력은 곧 지구의 생물다양성과 자연환경을 지켜나가는 일인 거지요.

바나나가 필요한 사람들

바나나는 단지 과일이 아닌 인류의 좋은 먹을거리이자 식량입니다. 우리나라에서도 많이 소비하는 과일 중 하나이고, 일본에서도 노인 인구의 증가로 바나나 수입이 급증하고 있어요. 그러나 파나마병의 해결이 가장 시급한 곳은 아프리카입니다. 아프리카의 수백만 명에게는 바나나가 생존이 달린 중요한 식량이기 때문이지요.

텃밭 바나나

전쟁과 굶주림에 허덕이는 아프리카 사람들을 생각하면 당장 먹을 것을 지원하는 것이 최선일 듯해요. 그러나 바나나를 기르는 방법을 알려주는 것이 아프리카를 살리는 데 중요한 방법이 될 수 있습니다.

텃밭에 바나나를 길러 생계를 해결하면서 스스로 살아갈 힘을 찾아 나가는 거지요. 게다가 농부가 기르고 싶은 바나나 종을 스스로 선택하게 한다면 단 한 종만을 재배했던 대규모 농장과는 다르게 다양한 종과 유전자를 확보할 수 있어요. 텃밭에서 자라는 다양한 바나나가 아프리카를 살리고, 죽어가는 바나나를 구해내는 거지요.

유기농 바나나

　유기농은 사람의 건강에 도움이 되는 농사법이에요. 화학 비료를 쓰지 않고 '유기물(동물 배설물이나 부식물)'을 뿌려 땅을 기름지게 하지요. 또 합성 살충제, 각종 제초제와 같은 농약을 사용하지 않아 환경은 물론이고 농부와 소비자의 건강에도 크게 도움이 돼요.

그러나 문제는 대량 재배가 어렵고 수익이 낮다는 거예요. 특히 파나마병 같은 병에 걸리지 않게 하려면 기존 농장으로부터 멀리 떨어져 있어야 하는데 숲을 개간하지 않고서는 어려운 일이지요.

공정 무역 바나나

공정 무역은 '공정한 거래'를 통해 이루어지는 무역을 말해요. 초대형 회사나 할인 마트들은 노동자들에게 일한 만큼의 임금을 주지 않고 노동력을 착취해서 돈을 벌기도 해요. 똑같은 상품을 더 싸게 더 많이 공급해서 많은 이익을 얻는 거지요.

바나나는 소비자가 구입한 가격의 12% 정도가 원산지에 돌아가는데, 바나나를 직접 재배한 농부에게는 1달러당 2센트밖에 돌아가지 않아요. 대부분의 이익은 식품 무역업자, 중개 상인, 해운업자 등이 챙겨가지요.

공정 무역은 바나나를 직접 재배하는 농부와 노동자들에게 정당한 대가를 주어 스스로 살아갈 수 있도록 장려하고 있어요. 그러나 공정 무역이 활발해지기 위해서는 바나나 회사들이 일부 수입을 포기해야 하므로 전망이 그리 밝지 않답니다.

일반 바나나와 공정 무역 바나나의 가격 구조 비교

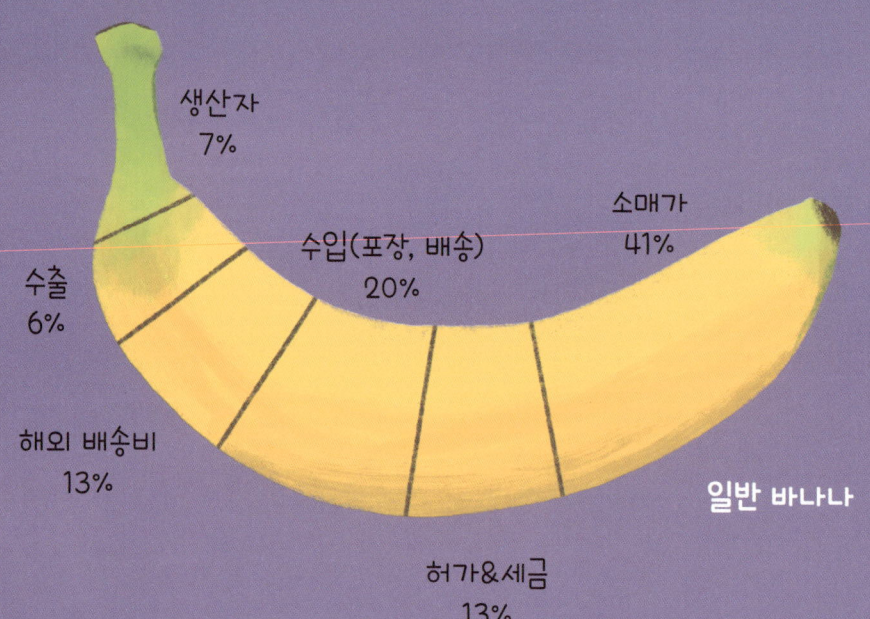

일반 바나나

- 생산자 7%
- 수출 6%
- 해외 배송비 13%
- 수입(포장, 배송) 20%
- 허가&세금 13%
- 소매가 41%

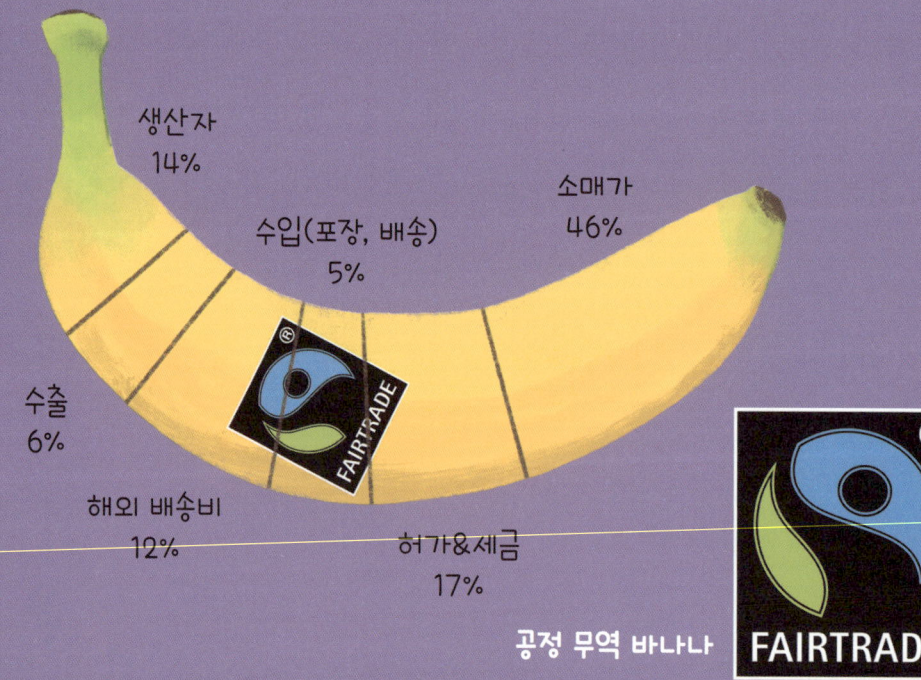

공정 무역 바나나

- 생산자 14%
- 수출 6%
- 해외 배송비 12%
- 수입(포장, 배송) 5%
- 허가&세금 17%
- 소매가 46%

소비자의 적극적인 태도

공정 무역 바나나가 성공하기 위해서는 소비자의 적극적인 태도가 필요해요. 소비자가 공정 무역 바나나를 고집하고, 정부가 그것을 통제하면 바나나 회사는 받아들일 수밖에 없어요. 아무리 싼값에 대량의 바나나를 공급해도 소비자가 사지 않으면 소용이 없으니까요. 소비자의 변화에 따라 바나나 회사는 공정 무역 또는 유기농 바나나, 아니면 둘 다를 재배하고 공급하기 위해 노력할 거예요.

바나나를 구하기 위한 노력

모든 병에 끄떡없는 바나나를 만드는 것은 어려워요. 하지만 안전하고, 튼튼해서 농약 없이도 키울 수 있으며, 유기농 재배와 공정 무역이 가능한 바나나가 만들어진다면 세상은 좀 더 공정하고 아름답게 바뀔 거예요. 바나나를 구하기 위한 우리의 노력이 아름다운 세상을 만들어내는 거지요.

생물 다양성이 가장 풍부한 열대 우림

모든 식물과 동물이 지구 어디에나 비슷하게 자라는 것은 아니에요. 자연환경에 따라 생물 다양성도 제각각이지요. 바나나가 자라는 열대 우림은 세상에서 생물 다양성이 가장 풍부한 곳이에요. 주로 중앙아메리카와 남아메리카, 서아프리카와 중앙아프리카, 동남아시아에 있어요.

오늘날 열대 우림은 점점 줄어들고 있고, 위험에 처해 있어요. 사람들이 마구잡이로 나무를 베어내며 숲을 파괴하기 때문이지요. 앞에서 말했듯이 바나나 농장도 열대 우림을 파괴하는 주범 중에 하나랍니다.

생물 다양성 협약

1900년대 이후 생물종의 멸종 속도는 그 이전보다 50~100배 빨라졌어요. 수많은 동식물이 하나둘씩 지구를 떠나고 있는 거지요. 사람들은 생물 다양성을 보호하기 위해 국제적으로 여러 가지 활동을 펼치고 있어요.

1992년에는 지구의 생물을 보호하기 위해 '생물 다양성 협약'을 체결했어요. 생물 다양성은 지구 생물종의 다양성, 생물이 서식하는 생태계의 다양성, 생물이 지닌 유전자의 다양성을 포함한 개념이에요. 유전적으로 다양한 형질이 존재할수록, 한곳에 여러 생물종이 살수록, 산과 바다 등 생물들이 사는 환경이 다양할수록 생물 다양성은 높아지지요. 우리나라는 1994년 154번째 회원국으로 가입했어요.

생물 다양성 보호

우리가 살아가는 지구 환경은 생물 다양성은 물론이고 생태계를 결정짓는 중요한 요소예요. 기후와 온도, 물, 햇빛, 공기, 흙 등은 생물이 살아가는 데 큰 영향을 끼치지요. 그중 하나라도 없어지거나 급격하게 변하면 생물 다양성이 위협받고 생태계의 균형이 깨져요. 지구에서 누구도 살아남지 못하게 되는 거지요.

우리 주변에서 찾을 수 있는 생물 다양성

생물 다양성은 조금만 관심을 기울이면 우리 주변에서 쉽게 찾을 수 있어요. 숲에는 다양한 나무와 풀, 새와 동물, 곤충들이 살아요. 연못에는 크고 작은 물고기와 개구리, 잠자리, 물방개 들이 살고요. 땅속에는 지렁이와 두더지, 개미와 흰개미, 지네와 전갈 들이 살아요. 바다에는 헤아릴 수 없이 많은 바다 생물들이 살고요. 모두 푸른 별 지구에서 함께 살아가는 생물들이랍니다.

우리가 할 일

우리는 지구 각 지역에 생물이 다양하게 존재하는 '생물 다양성'에 대해 바로 알고 지키려 노력해야 해요. 그것이 지구 환경을 살리고, 생태계를 살리고, 우리가 행복하게 살아갈 수 있는 길이니까요.

바나나 관련 상식 퀴즈

1. 신석기 시대에 서아시아, 유럽, 북아프리카 등 세계 곳곳에서 농사를 짓기 시작했어요. (○, ×)
2. 바나나는 나무가 아니라 세계에서 가장 커다란 여러해살이풀이에요. (○, ×)
3. 원래 자연에서 자라던 야생 바나나에는 크고 딱딱한 씨가 가득 박혀 있었어요. (○, ×)
4. 인도 사람들은 바나나를 좋아하지 않아요. (○, ×)
5. 세계적으로 가장 많이 생산되는 과일은 ＿＿＿＿＿＿＿ 예요.
6. 전 세계 사람들은 바나나를 주로 간식이나 후식으로 먹어요. (○, ×)
7. 바나나는 완전히 익은 상태에서 수확해요. (○, ×)
8. 우리가 시장에서 흔히 볼 수 있는 바나나는 모두 캐번디시 종이에요. (○, ×)
9. 단맛이 적고 녹말 성분이 많아 동남아시아, 아프리카 등에서 삶거나 굽거나 튀겨서 주식으로 먹는 바나나는 ＿＿＿＿＿＿＿ 입니다.
10. 바나나 줄기에서 뽑은 섬유로는 굵은 밧줄이나 가방을 만들기도 해요. (○, ×)
11. 바나나에 치명적인 전염병으로, 푸사륨 곰팡이가 물과 흙을 통해 침투해 바나나 뿌리를 공격하여 썩게 하는 병의 이름은 ＿＿＿＿＿＿＿ 이에요.
12. 단일 품종으로 전 세계에 공급되었던 그로 미셸 바나나는 전염병으로 멸종했어요. (○, ×)
13. 단일 품종은 경제적으로는 아주 유리하지만, 전염병에는 취약해요.

(○, ×)

14. 생물 다양성이 없으면 아무리 강하고 유전 조건이 우수한 식물이라 해도 새로운 질병에 대응할 수 없어 살아남기 어려워요. (○, ×)
15. 한 번 커다란 바나나가 열린 줄기에서도 다시 바나나가 열려요. (○, ×)
16. 세계 최대 바나나 생산국은 ＿＿＿＿＿＿＿＿ 예요.
17. 바나나의 주요 수출국은 한국이에요. (○, ×)
18. 국민을 보호하지 않고, 바나나 회사의 이익에 따르는 꼭두각시 정부를 일명 ＿＿＿＿＿＿＿＿ 이라고 불러요.
19. 바나나 연구자들은 파나마병을 이겨낼 야생종을 찾아 새로운 품종으로 개발하려고 많은 노력을 기울이고 있어요. (○, ×)
20. '유전자 다양성'은 같은 생물종 안에서 유전적으로 얼마나 다양한가를 의미해요. (○, ×)
21. 노르웨이의 스피츠베르겐섬에는 '최후의 날 저장고'로 불리는 세계 최대 규모의 ＿＿＿＿＿＿＿＿ 가 있어요.
22. 유기농은 사람의 건강에 도움이 되는 농사법이에요. (○, ×)
23. 공정한 거래를 통해 이루어지는 무역을 ＿＿＿＿＿＿＿＿ 이라고 해요.
24. 공정 무역 바나나가 성공하기 위해서는 소비자의 적극적인 태도가 필요해요. (○, ×)
25. 우리는 지구 각 지역에 생물이 다양하게 존재하는 '생물 다양성'에 대해 바로 알고 지키려 노력해야 해요. (○, ×)

정답
01 ○   02 ○   03 ○   04 ×   05 바나나   06 ×   07 ×   08 ○   09 플랜틴
10 ○   11 파나마병   12 ○   13 ○   14 ○   15 ×   16 인도   17 ×
18 바나나 공화국   19 ○   20 ○   21 국제 종자 저장고   22 ○   23 공정 무역
24 ○   25 ○

바나나 관련 단어 풀이

칼로리 : 음식에 들어 있는 에너지. 열에너지의 양(열량). 단위는 보통 칼로리(cal)로 표시함.

탄수화물 : 수소, 산소, 탄소로 이루어진 유기 화합물. 삼대 영양소 가운데 하나로, 녹색식물의 광합성으로 생김. 포도당, 과당, 녹말 따위가 있음.

열대 지방 : 열대 기후에 속하는 고온 지방.

열대 우림 : 일 년 내내 기온이 높고 비가 많은 적도 부근의 열대 지방에서 발달하는 삼림.

다양성 : 모양, 빛깔, 형태, 양식 따위가 여러 가지로 많은 특성.

유전자 : 생물체의 개개의 유전 형질을 발현시키는 원인이 되는 인자. 염색체 가운데 일정한 순서로 배열되어, 생식 세포를 통하여 어버이로부터 자손에게 유전 정보를 전달함.

야생 동물 : 산이나 들에서 저절로 나서 자라는 동물.

야생 식물 : 산이나 들에서 저절로 나서 자라는 식물.

수렵 : 총이나 활 또는 길들인 매나 올가미 따위로 산이나 들의 짐승을 잡는 일.

채집 : 널리 찾아서 얻거나 캐거나 잡아 모으는 일.

신석기 시대 : 약 1만 년 전부터 기원전 3000년 무렵까지로, 간석기와 골각

기를 사용했으며, 토기와 직물을 만들기 시작했고, 생산 단계가 수렵에서 농경과 목축으로 이행함.

여러해살이풀 : 겨울에는 땅 위의 부분이 죽어도 봄이 되면 다시 움이 돋아나는 풀.

말레이반도 : 동남아시아 인도차이나의 남쪽으로 튀어나온 반도. 남쪽은 말레이시아령(領), 중부와 동북쪽은 타이령, 서북쪽은 미얀마령. 고온 다습한 열대 몬순 기후로, 고무·목재·주석·금 따위의 천연자원이 풍부함.

돌연변이 : 생물체에서 어버이의 계통에 없던 새로운 형질이 나타나 유전하는 현상. 유전자나 염색체의 구조에 변화가 생겨 일어남.

국제 연합 : 유엔(UN). 제2차 세계 대전 뒤 국제 평화와 안전의 유지, 국제 우호 관계의 촉진, 경제적·사회적·문화적·인도적 문제에 관한 국제 협력을 달성하기 위하여 창설한 국제 평화 기구.

개발 도상국 : 산업의 근대화와 경제 개발이 선진국에 비하여 뒤떨어진 나라. 제2차 세계 대전 뒤에 독립한 아시아·아프리카·중남미의 여러 나라가 이에 속하며, 과거에는 후진국이라 불렸음.

주식 : 밥이나 빵과 같이 끼니에 주로 먹는 음식.

상온 : 가열하거나 냉각하지 않은 자연 그대로의 기온. 보통 섭씨 15도.

한계 온도 : 물체가 임계 상태(온도나 압력 따위의 변화 때문에 물질의 상태나 속성이 바뀔 때의 물질의 상태)에 도달하였을 때의 온도.

파나마 : 중앙아메리카의 파나마 지협에 있는 공화국. 1903년에 콜롬비아에서 분리하여 독립함. 바나나·커피·코코아·고무 따위가 주산물이고, 파나마 운하로 유명하며, 주민은 메스티소가 많음.

포자 : 홀씨. 식물이 무성 생식을 하기 위하여 형성하는 생식 세포. 보통 단세포로 단독 발아를 하여 새 세대 또는 새 개체가 됨.

균사 : 팡이실. 균류의 몸을 이루는 섬세한 실 모양의 세포. 또는 그런 세포로 된 열(列). 흰색으로 엽록소가 없으며 종에 따라 일정한 모양으로 가지 나누기를 하거나 모여서 자실체를 만듦.

관다발 : 양치식물과 종자식물에 있는 조직의 하나. 뿌리, 줄기, 잎 속에 있으며 양분의 통로인 체관과 물의 통로인 물관으로 이루어져 있음.

숙주 : 기생 생물에게 영양을 공급하는 생물. 양분을 빼앗는 쪽은 기생자, 빼앗기는 쪽은 숙주. 마지막 숙주를 최종 숙주, 발육의 도중에 기생하는 숙주를 중간 숙주라고 함.

살균제 : 생체에 유해한 미생물이나 병원체를 사멸시켜 전염이나 감염 능력을 잃게 하는 외용약. 에탄올, 크레솔수, 요오드팅크 따위가 있음.

제2차 세계 대전 : 세계 경제 공황 뒤, 파시즘 체제에 있던 독일·이탈리아·일본 등의 군국주의 나라와 미국·영국·프랑스 등의 연합국 사이에 일어난 세계적 규모의 전쟁. 1939년에 독일이 폴란드를 침공하자 영국과 프랑스가 독일에 선전 포고를 함으로써 시작되어 독일과 소련의 전쟁, 태평양 전쟁으로 확대됨. 1943년 9월에 이탈리아, 1945년 5월에 독일, 1945년 8월에 일본이 항복하면서 끝남.

면역력 : 외부에서 들어온 병원균에 저항하는 힘.

내성 : 환경 조건의 변화에 견딜 수 있는 생물의 성질.

병충해 : 농작물이 병과 해충으로 인하여 입은 피해.

땅속줄기 : 땅속에 있는 식물의 줄기. 감자의 덩이줄기, 토란의 알줄기, 백합

의 비늘줄기 따위로 그 모양에 따라 구별됨.

병원체 : 병의 원인이 되는 본체. 세균, 리케차, 바이러스, 원생동물, 기생충 따위의 병원 미생물이 있음.

야생종 : 산이나 들에서 자연적으로 교배되어 생육되는 동식물과 미생물 따위의 생물 종류.

교배 : 생물의 암수를 인위적으로 수정 또는 수분시켜 다음 세대를 얻는 일.

유전 공학 : 유전자의 합성, 변형 따위를 연구하는 학문. 응용 유전학의 한 분야로, 병의 치료나 이로운 산물의 대량 생산을 목적으로 함.

유기농 : 화학 비료나 농약을 쓰지 아니하고 유기물과 미생물 등 자연적인 자재만을 이용하는 농업 방식.